SESAME STREET

Celebramos que somos TÚ y YO

Muchas maneras de ser una FAMILIA

Christy Peterson

ediciones Lerner ◆ Mineápolis

¡En Sesame Street, celebramos a todos!

En esta serie, los lectores explorarán las diferentes maneras en las que comemos, nos vestimos, jugamos y más. Reconocer nuestras similitudes y diferencias les enseñará a los pequeños a estar orgullosos de sí mismos y a apreciar el mundo que los rodea. Juntos, podemos ser más inteligentes, más fuertes y más amables.

Saludos. Los editores de Sesame Workshop

Contenido

Todos los tipos de familia 4

¡Me da orgullo ser quien soy! 20

Glosario. 22

Más información . . 23

Índice 24

Todos los tipos de familia

Una familia es un grupo de personas que se aman unas a otras.

Mi familia vive por todo el mundo.
¡Nos encanta visitarnos!

La familia de cada uno es especial y única.

¿Quiénes son parte de tu familia?

Algunas familias viven juntas. Otras familias viven en lugares diferentes.

Algunas familias son pequeñas. Otras tienen muchos integrantes. ¡Las familias pueden tener hermanos y hermanas, abuelos y abuelas, tías y tíos, primos y mascotas!

Tamir es
mi primo.

Vivimos en el
mismo edificio de
apartamentos. ¡Es
divertido vivir cerca
de la familia!

Algunas veces las personas de una familia se parecen. Otras veces no.

Algunas personas nacen en sus familias. Otras se unen a sus familias mediante la adopción o en hogares temporales.

¡Hay muchas
maneras de convertirse
en una familia, y todas
las familias se aman de
la misma manera!

Las familias crecen y cambian.

Nuestra familia cambió cuando nació mi hermanita. ¡Ahora tenemos otra persona que amar!

Hay muchas maneras diferentes de ser una familia. ¡Lo único que todas las familias comparten es el amor!

¡Amo a
mi familia!

¡Me da orgullo ser quien soy!

Piensa en las personas que amas y que se preocupan por ti. ¡Haz un dibujo de ellas!

Cuando pienso en mi familia, me gusta contar sus integrantes. ¡1 primo, 2 primos, 3 primos, ja, ja, ja!

Glosario

abuelo o abuela: padre o madre de uno de los padres

adopción: cuando un niño o niña necesita que alguien lo ame y lo cuide, y un adulto o adultos desean tener un niño para amarlo y cuidar de él o ella, se convierten en una familia

hogar temporal: cuando a un padre o madre se le hace difícil cuidar a su hijo o hija, el niño o la niña vive con otros adultos afectuosos que pueden cuidar de él o ella durante un tiempo

primo/prima: el hijo o hija de una tía o tío

tía: la hermana del padre o la madre de una persona o la esposa de un tío o tía

tío: el hermano del padre o la madre de una persona o el esposo de un tío o tía

Más información

Bullard, Lisa. *Different Can Be Great: All Kinds of Families*. Mineápolis: Lerner Publications, 2022.

Cipriano, Jeri S. *Getting a New Baby*. Egremont, MA: Red Chair, 2021.

Miller, Marie-Therese. *Parents Like Mine*. Mineápolis: Lerner Publications, 2021.

Índice

amar, 4–5, 8, 15, 17–19

cambiar, 16–17

especial, 6

familia, 4, 18

integrantes de la familia, 10–11

unirse, 14

Créditos por las fotografías

Créditos de las imágenes: Indeed/Getty Images, p. 4; Klaus Vedfelt/Getty Images, p. 4; Thomas Barwick/Getty Images, p. 4; Amrish Saini/EyeEm/Getty Images, p. 6; Attila Csaszar/Getty Images, p. 6; bbernard/Shutterstock.com, p. 6; imtmphoto/Shutterstock.com, p. 7; NDAB Creativity/Shutterstock.com, p. 9; Monkey Business Images/Shutterstock.com, p. 10; DariaBerestova/Shutterstock.com, p. 13; JLco Julia Amaral/Shutterstock.com, p. 14; Shaw Photography Co./Getty Images, p. 15; LumiNola/Getty Images, p. 16; kate_sept2004/Getty Images, p. 18; Geber86/Getty Images, p. 18; Images By Tang Ming Tung/Getty Images, p. 18; Hill Street Studios/Getty Images, p. 19; Inna Kirkorova/Shutterstock.com, p. 20.

Imágenes de la portada: Rob Marmion/Shutterstock.com; fizkes/Shutterstock.com; 10'000 Hours/Getty Images.

ediciones Lerner
Una división de Lerner Publishing Group, Inc.
241 First Avenue North
Mineápolis, MN 55401, EE. UU.

Si desea averiguar acerca de niveles de lectura y para obtener más información, favor consultar este título en www.lernerbooks.com.

Fuente del texto del cuerpo principal: Mikado. Fuente proporcionada por HVD.

Library of Congress Cataloging-in-Publication Data

Names: Peterson, Christy, author.
Title: Muchas maneras de ser una familia / Christy Peterson.
Other titles: Many ways to be a family. Spanish
Description: Mineápolis : Ediciones Lerner, [2026] | Series: Celebramos que somos tú y yo con Sesame Street | Traducción al español: ® and © 2026 Sesame Workshop. Título original: Many Ways to Be a Family. La traducción al español fue realizada por Zab Translation. | Includes bibliographical references and index. | Audience: Ages 4–8 | Audience: Grades K–1 | Summary: "Every family is unique, but all families have people who love and care for one another. Join favorite Sesame Street characters in celebrating the many ways to be a family! Now in Spanish!"– Provided by publisher.
Identifiers: LCCN 2024050316 (print) | LCCN 2024050317 (ebook) | ISBN 9798765668153 (library binding) | ISBN 9798765683361 (paperback) | ISBN 9798765674093 (epub)
Subjects: LCSH: Families—Juvenile literature.
Classification: LCC HQ744 .P44818 2026 (print) | LCC HQ744 (ebook) | DDC 306.85–dc23/eng/20241223

LC record available at https://lccn.loc.gov/2024050316
LC ebook record available at https://lccn.loc.gov/2024050317

Fabricado en los Estados Unidos de América
1-1011888-53748-1/17/2025